나를 갖고 싶으면 가지세요

김기성 시집

채운재 시선 145

나를 갖고 싶으면 가지세요

김기성 시집

고독 그 여정의 끝 · 쓸쓸하고 고적함을 달래주는 시

나는 아름다운 시인 도우미입니다
오늘은 목요일 내가 서빠지는 날입니다
무엇을 도와드릴까요
전번은 "고독 그 여정의 끝"이 무엇인가를

시인의 말

시인이 글을 쓰는 일은 때론 뼈를 깎는 아픔과 혼까지
팔아야 하는 고통이 뒤따르기도 하지만
끝내는 하늘을 나는 희열을 만끽하면서 삶의 아름다움을
만들어가는 달콤하고 행복한 작업이라 말할 수 있다.
겨울비가 한 사나흘씩 추적추적 내리면
옛 그리움이 살포시 묻어 들고
진종일 마음도 사춘기 소년처럼 덩달아 싱숭생숭. 불현듯
미친 듯 문체가 떠올라 시와 동화와 장편소설을 쓰고
그렇게 아름다운 시간 속으로 날아가 날밤을 수없이 깠다.
그리고 두 번째 시집을 감히 냈다.
출간을 아낌없이 도와주신
현대문학사조 양상구 발행인님께 감사드린다.

2022. 8

입암산 삿갓 바위 자락에서
김 기 성

차례

제1부
아름다운 시간 속으로 날아가야지

아름다운 시간 속으로 날아가야지	12
탄생	13
시인의 노래	14
사랑과 영혼	15
슬픈 시즌	16
성장	18
가시연꽃	20
시향(詩香)	21
내 사랑은 천변 억새꽃 사이 길로	22
심상(心象)	23
연인(戀人)	24
참사랑 참 행복	25
정	26
일벌의 일생	27
아름다운 그대는 내 친구	28
태양의 제국 · 2	30
태양의 제국 · 3	31
호박꽃 동네 이야기	32
우정에 대하여	34
향기	36

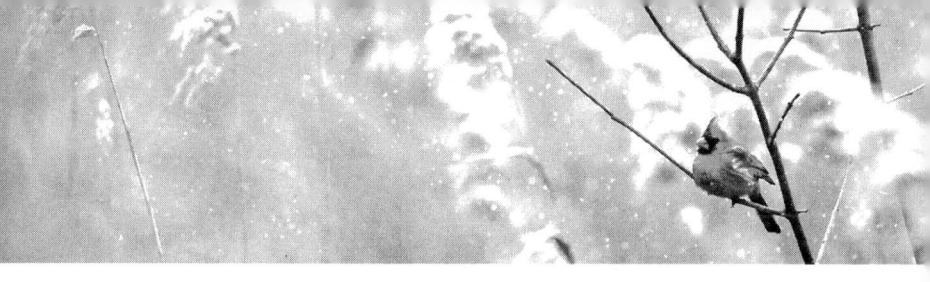

제2부

바람의 여정

불면증 · 2	38
바람의 여정	39
비 현실주의	40
욕망이라는 이름의 전차	41
고해성사	42
님 오시는 길	44
얼	45
사랑	46
항쟁	47
민중의 종소리	48
남창산에서	49
뜬구름 · 3	50
뜬구름 · 4	52
뜬구름 · 5	53
일산(日産)	54
벽	55
저 높은 곳을 향하여	56
내 낭만은 어디로 갔을까	57
청춘입니다	58
힘	60

차례

제3부
나를 갖고 싶으면 가지세요

나를 갖고 싶으면 가지세요.	62
회전목마	64
일생	65
전설에 우는 남자	66
얼음 불꽃	68
점철	70
그림자	71
탕탕(蕩蕩)	72
내 탓이로소이다	73
상사화	74
표	76
제5원소	78
추태	80
허수아비 · 1	82
허수아비 · 4	83
학교	84
틀	86
학의 노래	88
종말론 중에 · 1	90
환생	91

제4부

꿈의 미학

타락자	94
꿈 오라기	95
불씨	96
빈 깡통	97
그날의 함성	98
꿈의 미학	100
야망의 전설	102
아름다운 흔적	103
아름다운 흔적 · 2	104
아름다운 흔적 · 19	106
종말론 · 2	108
시간여행	109
시나리오	110
알고리즘	111
꽃뱀	112
알고리즘 포	113
5차원	114
비의 꽃	115
비망록 연가 · 2	116
뺑	117
꿈	118

제1부
아름다운 시간 속으로 날아가야지

아름다운 시간 속으로 날아가야지

내가 엄마의 자궁 속을 막 탈출할 때
멀뚱한 녀석이 내 운명 속으로 왔다
시간과 공간 저편에서 온
그는 문체의 혁명가였다

실체가 없었다
형체도 없었다
고귀한 문향만 품었다
태아 시절부터 나를 먹필 사선 위로 끌어당긴
나와의 첫 운명적 만남은 이렇게 이루어졌다

벌써 60년 하고 다섯 해가 지났고
수많은 사연이
시간과 공간 저편에서
기억의 저편에서부터
형체도 없이
실체도 없이
서성거리는데
바로 그것이 문체(文體)의 혁명이었다

탄생

타임 캡 슐에 탑승한 진리를 얻고자
인고의 상처투성이

혼돈으로
시간이 멈추어 섰다 찰나로 가는 것
불변일까

상상 이는 날아간다
자궁 밖 세상을 향하여 찰나는
첫울음의 빛을 터뜨렸다

탄생은 진리의 항해가 시작됐다

시인의 노래

시인의 말간 마음은
언제나
풀섶에 옥구슬 내리듯
맑고 영롱한 이슬로 남는다

하늘 구름을 모아다
금 비를 만들어
농부에게 희망과 꿈을 주고 흠뻑
온 세상 대지 축복을 안겨 준다

시인은 오늘도 보석 같은 눈물을 대지 위에
넌지시 뿌리고
사랑 노래 부른다

사랑과 영혼

육신과 육신끼리
영혼과 영혼끼리
사랑과 사랑끼리
태양을 삼켰다

붉은 잿빛 아래
자작나무 숲속
사랑새 한 쌍
그들은 발가벗은 채 방황했다

슬픈 시즌

나는 날마다 할 일도 없는 듯 매겁시
덕수궁 길바닥 나무이파리나 밟으며 시몬 따위나 찾고
하늘을 향하여 쓰잘데기 없이 발길질이나 해대고
태양을 향하여 닿지도 않은 돌팔매나 퍼 날리고
사나흘 거리 싸잡아 지구를 채찍질해댔지

어느 날의 술주정뱅이로 채점해
저 하늘에게 벌금을 부여받고
내가 노역해 받친 상납금으로
저들은 꿀꿀이로 잘 살았었지

비합법적 논리성이다
나의 운명과 숙명 따위는 절대 아니다
그냥 술 한 사발로 태워 버리면 고만이고
언변 술 따위는 아니다

글래머 한 창녀야 잔을 채워라
나의 슬픔을 통술로 채울 수 있는 잔이라면
그 이상 무엇을 바랄까

한 잔술에 내 삶은 들통 났소
이 술잔에 내 갈 포마저 거덜이 날 것 같소
한 시상은 그저 그렇게 덧없이 가고
또 천리타향의 설움은 피 터지고
문전박대 시객으로 한 시상을 쥐어뜯고 있소

성장

너는 항상 꿈꾸기를 좋아했다
넌 꿈을 먹고 사는 계집아이
언제가 이런 말을 했다
너는 나의 영원한 애인이다

너의 입술은 매우 날카로웠다
꿩을 낚아 가는 독수리의 부리처럼
주먹만 한 홍옥을 날렵하게 해치웠다

너의 입술은 언제나 나를 곧잘 찾았다
그게 사랑일까
정말 기쁨일까

그런 마음속에서도 너는 방황할 때
하지만 나는 왠지 네가 자꾸만 좋아졌다

너는 바보였다
멍텅구리 소녀였다

너는 아마 모를 거야
어느새 숙녀가 되었다는 보다 큰 사실을

가시연꽃

나는 네 청순함에 반하여
학이 된 것처럼
백 년 세월을 기다렸지요
거센 태풍이 몰아쳐 오고 매몰찬 눈보라가
나를 휘감고
세상 온갖 사념이 만발할 때마다
나는 네 몸에 돋친 가시를 하나하나씩 떼어
내 몸에 꽂아 검은 유혹을 물리쳤지요

어언 백 년 세월 불러 이제는 내 몸 어디에도
네 분신 들여놓을 빈자리가 없다오

백 년의 지고지순한 네 기다림
가시연꽃 오늘에서야 비로소
숭고한 사랑 꽃을 피워냈구려
황홀한 에메랄드빛
백 년의 사랑으로

시향(詩香)

고샅길에 흐드러진 노랑 하양 국화꽃 향기가
싸리나무 울타리 넘어 뒷마당 사랑채 서재 쪽
창살 문 찢어진 틈새로
황소처럼 밀려드는 밤이었을 때

곱게도 귀뚜리가 詩香 등에 올라
가을비 타고 찾아와
장독대에서 섬돌 아래서
툇마루에 척 걸터앉아 달빛 스미자
베토벤 가녀린 교향곡 메들리로 연주하고 있었다

내 가슴이 쿵쾅쿵쾅 설래임에
새벽녘까지 일사천리로 詩心을 피워내라 했다

내 사랑은 천변 억새꽃 사이 길로

내장산 애기 단풍이 색동저고리 갈아입으면
꽃처럼 바람처럼 오신다던 내 님은 어디쯤인가
달이차고 달이 기울어가도록 소식이 없어라
엊그제 토방 귀퉁이 마실 나온 여치 한 마리
뚜르르 뚜뚜 울음소리만 애간장을 절이누나

11월 보름달은 서래 봉 마루턱에 걸려
수양버들처럼 낭창하게 머리 풀고
내 머리 위에서 화르르 꽃망울 터뜨리는데
사랑하는 낭군님이시여
동리 막 버스 끊긴지도 삼년이오
내 장호를 나비처럼 훨훨 날아
천변 억새꽃 사이 길로 사뿐 사뿐히 오신다는
내 사랑님은 메시지 한 통 없소
두 눈이 빠지도록 저려오누나

심상(心象)

내 장산 대웅전에서
앳되게 들려오는 꼬마 동자
서툰 염불 소리에
청설모와 다람쥐 쑥 토끼 산새들 우르르 몰려오더니
홍 단풍나무 그늘에서 졸고 있었다

뒷산 국사봉 골짜기에는
멧돼지와 고라니 토끼와 다람쥐 천국이고
가을이 오면 꽃나무 골
우리 노랑 고구마밭에
호시탐탐 눈독을 떼지 않아
언제나 불안했다

11월을 지향하는 비는 부슬부슬 내리겠고
내장산 서래봉 오방색으로 곱게도 치장을 마쳤는데
시향을 찾아 주유천하 하고픈 마음은 굴뚝같은데
시방 내 마음은 콩밭에 가서 서성이고 있었다

연인(戀人)

쑥국 새 울어 에는 밤이었는데
나는 그대에게
불꽃 사랑 주리다
그대는 나에게
달빛 사랑을 받치리까

여기에 있소
그대는 달빛 되어
내게로 흐르고

오 그대는 찬란한 아침 햇살 아래
눈부신 한 떨기 백합꽃

참사랑 참 행복

참사랑이란 석류 알처럼 새콤달콤하고, 젤리처럼 말랑말랑하기도하고 신비경 속의 보석처럼 아주 경이로워 그 속내의 깊이를 알 수 없는 묘약의 상자입니다 멀리 떨어져 있으면 더욱 그리워지다가도 막상 곁에 다가서면 할 말을 잃어버리기도 하고 그래도 빈 마음의 공허는 치유되어 안도의 숨을 내 쉬는 것이 바로 참사랑입니다
참사랑이란 항상 미련과 아쉬움이 생기기 마련이며, 어린애처럼 투정도 부르고 그 무엇을 다 퍼주어도 아쉬움이 남고 또 남고 이것이 사랑이라는 위대한 선물인 것입니다
사랑의 묘약이란 구름과 바람과 소낙비와 같은 것입니다
자신이 가장 행복하다고 느낄 때가 바로 자기 인생의 가장 행복한 순간입니다.

정

미운 정은 정이 아니라고
어찌 말하리오
비록 한솥밥은 못 먹었을망정
애틋한 정이 들 만큼 들었는데
무심 야속 비정을 놓고 가시나요

먼 훗날
그리움
싹이 트려거든 살짝 오시어
우리의 사랑
당신의 시린 가슴에 소복이 담으시고요

일벌의 일생

도화 나무숲 붉은 꽃술 아래
일벌 한 마리 꿀을 따고 있다
대를 이어 주어진 운명을 밀고 끌고
정신일도의 삶을 다하고 있다

중국산 황사가 생난리를 치고
어제는 춘삼월 눈보라도 휘날렸을 때
천지를 휘감은 매몰찬 강풍 따윈
복분자밭에서 청춘으로 버티고 있다

비바람 휘몰아쳐 오는 날 일벌은
처마 밑 혹은 실개천 수양버들 아래서
달콤한 사랑을 입에 물고
사랑의 중병을 앓는다

오늘 밤 60만분의 일
여왕벌과 사랑을 위하여

아름다운 그대는 내 친구

요즘 그대의 모습이 굉장히 예뻐졌습니다
두 갈래로 기다랗게 빗어 땋아 내린 금발과
설국 속에 갓 피어난 설중매처럼
청초한 얼굴이며
거기에 영롱하게 반짝거리는
다빈치 2개의 구슬과
마치 비욘세 닮은 듯 절세의 콧날까지 예뻐졌습니다

빨갛게 갓 익은 앵두알 처럼
봄날 실개천 개나리처럼 적당히 부풀어 오른 두 유방
금방이라도 떨어질 듯 대롱거리는 두 개의 천도화 같이
곱게 물들인 열 손 발가락 캡쳐와

지난여름 격포 해수욕장에서
나랑 검게 그을린 가무잡잡한 살결
춘삼월 집 앞 실개천 물오른 수양버들처럼
나긋나긋한 잘록한 허리
그아래로 뒤뜰 장독대 고추장 독처럼
애 쏙쏙 낳을 아담한 엉덩이

지난해 11월 뽑은 우리 집 장아찌 무시를 닮았습니다
그런 그대가 내 친구였으니

태양의 제국 · 2

태양의 제국에서는
오늘도

타다 남은 바위가 터벅거리며
불볕 속에서 울부짖었다

열사의 병과
희망의 병
생명의 끈을 잡고

칠팔월 끈끈이 주걱처럼 진득거린다

태양의 제국 · 3

바위도 좌악 거리는 불사火沙아래서
증기기관차 화통처럼 진종일 타올랐네

석양 무렵 체내의 물방울
핏방울처럼
살점은
아예 버둥거리며
얼룩진 눈망울 속에서
달러와 리얄은 미쳐만 갔다

호박꽃 동네 이야기

설움 꽃 피어나는 세월의 갈피
생과부 청상과부 웨딩 과부 낮이고 밤이건
빈 하늘만 바라보고
한 퍼 올리는 女人이여

낮달이 차오르고 초승달마저 지도록
먹 뻑 국 울음은 시나브로 쪼아 대고
시집가 사흘 만에 소박맞아 별이 된 웨딩과부
울 엄니 내하고 서러워서 울었네요
뼈어국 뻑국 뻑뻑국
보쌈 그리운 발걸음 소리
봉창 너머로 살풋 들려오며
먹 뻑국새 울어 대고
초승달은 방정맞게 갸웃댔데요

넝매댁 청상과부는 사내를 잘 차서
동지섣달 깊고도 깊은 밤
참깨를 서너 말씩 떤다고 소문 자자하고
피앙댁 맏며느리 지난해 서방이 급살 맞아 죽자
춘삼월 강남 제비 따라나섰대요
솥 적 솥 적 솥
모두 떠나면 외로워서 어찌하려오

우정에 대하여

거울아
거울아

내가 너를 깨끗이 닦아주면
너는 나를 어찌하리

거울아
내가 너를 다시는 볼 수 없게 덮어버리면
너는 나를 어찌하리

거울아
내가 만약에 너를 깨뜨린다면
너는 나를 어찌하리

만약에 너의 거울 속으로 사람의 마음속을
들여 다 볼 수 있도록 네가 도와준다면
뭇 세상 사람은 너를 어찌하리

그것이 비극일까
희극일까
닭은 아름다움일까

향기

뜰 안에 난초 향기
그득 차고

매화꽃 피었으니

향기는
하늘을 찌르도다

과연 뉘를 위한
향기인가

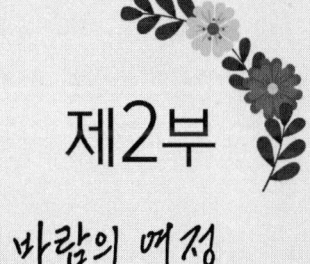

제2부

바람의 여정

불면증 · 2

겨울을 지향하는 비 측은히 내리고
창 넘어 집시랑 낙숫물 떨어져
가녀린 심장은 둠 속에서
사유의 묵상에 젖어든다

엊그제 6호선에 승차한 내 청춘
꽃길을 신바람 나게 오가더니
낼 모래 7호선이라
육신 덩달아 젖어드네

오호라 사랑도 안개 속이다

수초에 청춘의 일기장 넘어가자
번뇌의 속살 덧없이 베어져 간다

바람의 여정

내 곁에 오는 바람은 늘 향기가 있다

하늘을 열거나
하늘을 닫거나
땅을 열거나
땅을 닫거나

사랑이 나비처럼 나풀나풀 날아오거나
세정(世情) 따라 휭 가거나

내 곁을 스쳐 가는 바람은
언제나
그 여정의 향기가 있다

비 현실주의

촛불을 켜면 문체의 용사들이 공허 속에서 부스스 밀려왔다 두려움을 짓밟아 보지만 마지막 고독에 바스스 떨다 저 깊숙한 심연 속에 언제나 징크스가 있었다 외계인이 살고 있을 거라는 신비의 행성 지옥 마왕이 실제로 있을 거라는 맨틀 핵의 세계 이따위 정체성도 없는 환영 끝끝내 그것들만 몰고 왔다 내 머릿속은 고독 속에 사는 절망의 진실은 어떤 것일까 낙망의 정의는 무엇인가 내 시학의 고독 형이상학의 배경을 설정한 까닭은 어디에 존재하는 이유를 묻고 그 끝이 정말 내 삶을 맡아놓고 있는 것인가

욕망이라는 이름의 전차

너는 비굴하게 욕망의 틀에 갇혀 황금수레를 타고 있는가
얼음 사슬에 묶여 허무만을 키우더니
오늘은 비창의 통곡을 남산에서 읊어대는가

내일이면 너의 고깃덩어리 꿈과 희망
목숨 꽃은 바람 앞에 촛불 이여라
그대들 거친 숨결에 비굴함 묻고
욕망 채우려고 불의 일으키고 끝내 허무 씹누나
차라리 벼랑 끝자락 선 시인처럼 고독을 삼켜라

지옥과 극락을 오가던 자여
너는 사면자여
인생 향락 허울뿐 권좌 미꾸라지 용 되는 꿈 버리고
새하얀 두루마기 평생토록 걸쳐 입고
국민 앞에 꿇어 하늘을 우러러
사면자여
동방의 혼으로 사죄의 길 걸어라

고해성사

깊은 밤
한 어여쁜 무희가 너울춤을 추다
술잔 오가고 젊음이 회오리쳐

사이키 조명 천의 가면이 번득거리며
술꾼들 난봉쟁이가 목대 휘어 감고
술래잡기 춤사위 밤을 새운다

태평양을 건너온 무희가
디스코 탱고 블루스가 차츰 머리통 발바닥을
후비며 손가락 마디마디 열꽃 피워 올린다

밤의 무희는 서구의 엑스트라
말 없는 목마는 돌아갈 뿐이다
슬픔과 기쁨의 시간이 타들어 가고
밤이 꺼질 때까지 빙글빙글 돌아가야 한다

으슥한 모퉁이에 꽃이 피었다
목 꺾인 꽃송이가 찬 이슬을 온몸으로 받으며
홀로 별을 세고 열풍에 묻혀 밤샘

꽃은 누굴 위해 피고 지고 여기 머무는가
야차의 눈빛으로 현실을 발길질하며 자신을 돌팔매 한다

밤이 타고 젊음이 타고
사랑이 타고 서러움이 타고
나목(裸木)은 사타구니 열기 속에 추락해간다
밤이 차츰 무너져 햇살이 내린다
바닷가 모래밭 소라가 눈을 부시고 파도가 부서지며
천년 거북 떠났다

님 오시는 길

4월 꽃비 도란거리고
정읍 천변 벚꽃 흐드러져
뭇 연인의 밀어가 새콤달콤 익어가는 밤

쌍화차 찰랑거리고
간드라운 수담 녹아내리는 무릉도원 오셔요

가을사랑 클래식 음악에 취해
그 사람은
오늘도
정읍 10경에서 詩를 맞아 시를 마시러 오세요

얼

고혼이여
한 시절 당신의 생애 구국충정(九國忠情) 하고
민족항쟁에 공헌하다 옥사(獄死)하였으니
당신의 의로운 죽음은 후대에 이르러
그 업적이 세세손손(世世孫孫) 빛을 발하리

인생 화무십일홍
오랜 세월이 흐른 지금
백골이 된
당신의 모습은 추하지만
당신의 뒤안길은 참으로 향기롭네

사랑

그대 향한 내 마음은
구시월
팔딱거리는
태양처럼

저 높은 하늘이 되고
산이 되고
바다가 되니라

항쟁

메마른 광야에 뇌성이 친다

자연의 섭리인가
대륙의 축복인가
죽은 이와 산자의 분노인가

동짓달 시래기 마르듯 비틀린
젊은 날의 에피소드
향기 잃은 꽃봉오리들

몸을 불태워 민주화의 꽃을 찬란하게 피워냈다

자연에 묻힌
나는 차라리 독수리의 원소가 되리라
오늘 참새들의 모습을 보니라
나는 실컷 쪼아 대고 싶은
5공의 모순덩어리들

민중의 종소리

수백만 민초(民草)의 사랑이 똘똘 뭉쳐
비룡산 자락 피난골 풍광의 언덕배기에서 영혼을 불어넣어
각 세종이라 명명하였다

민중 투쟁 발상지 대흥리 심혼의 종소리는
만주 별동대 김좌진 장군 봉천과 상해
군자금을 품고 오대양 육대주 넘나들었다

1936년 정읍 경찰서 때국놈이 종을 강제 헐값 경매 탈취
수많은 군중 앞에서 깨뜨리고 녹여 군수품 공장으로 직행하고
우리 열사들 심장을 뚫은 총알
우리는 고스란히 받아먹어야만 했다
광복 73년
그 후
빈터뿐인 저 종탑 종소리 흔적조차 없이
하늘골 넘어 날아갔다
인고의 갈피장 넘기며 참아온 통분의 세월
반도의 골골에 뿌려졌던 핏물은
구주(九州)를 감아올린 옥수여라

남창산에서

남창산
두메산골 옥수는

찰랑찰랑 흘러
폭포수를 이루고

폭포를 떠나온 옥수는 다시 졸졸 흘러
두 개의 웅덩이를 만드니

서쪽에 있는 호수 견우 탕이오
동쪽에 있는 호수 직녀 탕이라

두 호수 과히 천상천하 짝이다

뜬구름 · 3

어느 날
한 인간은 죽음의 굴레를 뒤집어쓰고
망부석 앞에서 대성통곡했다

희므끄레 한 초승 달빛 아래
처참한 모습으로 우뚝 선 인간
바로 그때 어디선가
아주 비련한 음률이 연주되어왔다
아 장송곡이다
숨통을 끓는 통곡이 전율이였다

이때 운명의 전령사는 열두 필의 하얀 백마에
열두 명의 사자에 호위를 받으며
황금수레에 앉아 손에는 천근에 철퇴를 들고
지상을 향해 달려오기 시작했다

인간아
너는 나를 보았느냐
네 목숨은 네 것이 아니로다
너에 목숨은 한갓 바람 앞 촛불이다

오호라
너는 권좌에 앉은 위선자로구나
이리 오너라

뜬구름 · 4

너는 어떻게 왔느냐
구름에 흘러왔느냐
바람 곁을 타고 왔느냐
행여 멈춘 곳이 태풍의 눈

너는 무엇이 되겠느냐
닭 쫓던 개가 될거나
고양이 앞에 쥐가 되겠느냐
용꼬리 잡으려거든 맞서 거라

맞추어 춤도 추어라

덩실덩실 춤을 추어보라

뜬구름 · 5

12월 마지막 배신의 계절이다
살바람이 오네
살바람 오거라
남산 토굴 속 가막새 울겠구나

반도의 귀퉁이를 수없이 돌고 돌아와
수많은 운명이 바람 앞에 등불이어라
오늘도 둠 속에서 生과 死가 소용돌이치고 있다

모두가 하늘 따라지신세로구나
참으로 불쌍타
이런데 어찌하랴

일산(日産)

현해탄 무임승차로 건너온 하등 잡배가
감히 표상(表象)에게 도전을 해오다니
어제는 내 애인의 보름달에 홍점을 찍어 놓고
오늘은 또 어딜 가는가
아 가소롭다
너 일제 학질로 쌘 빨간 모기 놈아
시도 때도 없이
지위고하 불문곡직하고
거구의 콧잔등 볼 테기 허벅지 엉덩짝에
환희의 휘파람 불어대며 고혈을 빨다니
네 이놈
요것 한방이면 객사를 면치 못할 것을
내 기분이 우회하기 전에 행동하라

벽

시베리아횡단 열차에 실려 온 칼막스 냉 굴속
정령들이 술렁거리기 시작했다
당장 그놈의 지옥에서 뛰쳐나오라

애닯고 간절한 생명의 꽃이여
오늘은 시어를 마음에 새기고
詩의 끝자락을 꼭 지펴라
그 누가 나의 은유를 가로막고 서 있는지
나는 하얀 뼈가 검도록 갈 때까지
활화산 닮은 詩가 태어나 불꽃이 피리라

비록 문전걸식하는 詩일지라도
하나 광활한 대륙에 발자국 꾹꾹 새기고
마음의 창을 활짝 열어 지구를 보듬고
詩 사랑해야지
오늘 언어의 장벽을 깡충 넘어 봐보자

저 높은 곳을 향하여

오늘

내 마음의

파랑새

꿈 나래를 활짝 펴고

강에서 바다로

바다에서 대양으로

유유히 흐른다

내 낭만은 어디로 갔을까

11월 스산한 갈바람에 낙엽 한 잎
달빛 아래 아스팔트 위를 구른다
데굴데굴 구르더니 맨홀 속으로 들어갔다
저만치에서 오는 낙엽 줄줄이 뒤 따라갔다
묵묵히 가고 있다
저 시궁창 속으로 낙화하는 삶을 보라
그 얼마나 숭고한가
그녀들은 제국을 위해 시궁창 속에서 승화되었다

시간의 현자는 오늘 누구에게 자비를 선사하고
오늘 나는 백치더냐
어제는 불타는 열혈남아였다

시간도 어둠도 종착역을 향하는데
오늘
내 시학의 낭만은 어디로 갈 것인가

청춘입니다

원초적 밤을 태우는지 아시나요
그 너머에 바로 청춘이 있기 때문이지요
우주의 감미로운 텔레파시를
200만 개 정도 모공 안테나로 받아들이고
자연의 심상(心象)을 심장 위에 뽀송하게 올려놓으면
대지의 수만 기화이초 정령이 내 지친 삶에
엔돌핀을 안겨주지요

그 다음 맨 심장에 양손 살포시 얹고
봄날 토방 아래 어린 병아리처럼 실 눈감으면 거기가 피날레
검은 대지의 밤이 파도처럼 마구 밀려와요
지금 내 가슴을 막 차고 올라와요
열광을 터뜨립니다
드디어 한 줌 심장이 흥분에 떨기 시작해요 이때
자율신경은 별나라에서 온 이방인처럼 화들짝 꽃술을 열지요

새벽녘 천둥 번개에 맞은 은하수가 쏟아지는 서쪽 하늘
가슴 시리도록 파도를 타면
대지의 밤 한 겹 넘어 사랑이 있고 열정 청춘
또 한 겹 너머에 애간장 절이는 순애보도 있지요
멋진 사랑
청춘의 진정한 의미는 무엇일까요
이 밤 내 심장을 놓아줄 수 없나요
시방 원초적이랍니다

힘

언어의 비수란
누구의 비수든 간에 입에서 툭 튀어나오는 것

모공에 백만 볼트 전류가 흘러 대기에 불꽃이 튄다

21세기
시인의 비수는 사랑의 오감으로 정직하다
MZ 세대가 책을 읽지 못했다

시의 잔 가득
언제나 불멸의 우주가 찰랑거리고
시인의 오감 무한정으로 배아(胚芽)가 된다

제3부
나를 갖고 싶으면 가지세요

나를 갖고 싶으면 가지세요

매월 중간 목요일은
당신을 위하여 내가 서빠지는 날입니다
나를 갖고 싶다면 가지세요.
봉사료는 청구서가 없는 무료랍니다

그 하나 쓸쓸하고 고적함을 달래주기 위하여
그대가 좋아하는 책을 읽어주고
雲石의 은쟁반에 옥구슬 구르듯 천상의 목소리로
시 낭송도 해주고 불면증은 잠들게 해줍니다

둘에는 아름답고 행복한 인생을 설계해주기
남편 관리 요령과 강 건너 있는 자식
가정으로 돌아오게 하기

시와 판타지 동화 소설 사랑의 편지 쓰기

단 정열적인 키스는 원하지 마세요

나는 아름다운 시인 도우미입니다
오늘은 목요일 내가 서빠지는 날입니다
무엇을 도와드릴까요
전번은 "고독 그 여정의 끝"이 무엇인가를

회전목마

엊그제까지만 하드래도
팔팔한 청춘에 꽃 사랑으로
덤벙덤벙 잘도 달려왔다

어느덧 6호선에 승차한 육신
갈잎 흐느끼듯 흐늘흐늘하자
사랑도 서걱서걱 도망치다

나목이 된 풀잎들은 허물을 벗느라
부산히도 내숭을 떨고 청춘의 피날레
벌거숭이 나목 다람쥐 공 굴리듯
육신은 원소 할 준비를 부리나케 서둘렀다

일생

숲 붉은 꽃술 아래
일벌 한 마리 꿀을 따고 있다
대를 이어 주어진 운명 앞에
정신일도 충성을 다하고 있다

중국산 발 황사 바람이 생난리를 친다
어제는 춘삼월 눈보라도 휘날렸다
천지를 휘감은 매몰찬 강풍 따윈
복분자밭에서 힘찬 날갯짓으로 버티어낸다

비바람 휘몰아쳐 오는 날이면
처마 밑 혹은 실개천 수양버들 아래서
달콤한 사랑을 입에 물고 사랑의 중병을 앓는다

전설에 우는 남자

한 남자가 뙤약볕에서 종일 깨를 떤다
남자가 깨를 잘 떨어야 아내에게 대접을 받는다

한 아낙네가 늦은 밤 사내를 들들 볶아대고 있다
여자들은
고소한 참깨와 구수한 들깨를 좋아한다
시도 때도 없이
들들 볶아야 맛이 좋기 때문이다

요즘 경제가 밑바닥 쓸기를 하고 있다
갈수록 허리 팔다리 펴기가 팍팍하다
요즘 젊은 세대들 싱글을 찬양
사랑이라는 말하기가 덜컥 겁이 나
눈치를 보기 일쑤

깊은 골짜기 한 사내가 고추를 따고 있다
신품종이라 크다
냅다 크다고 맛 뽐내는 것은 절대로 아니다
토종 고추가 맵고 맛도 썩 좋다

얼음 불꽃

키스 한번 해다오
온몸이 봄날 수양버들 나불대듯
챌린저 바다 심연 끝까지 가다오

바이칼 호수에서 먼 길을 달려온 삭풍아
사십하고 5년 새털 같은 밤을
만년 빙 담 속 천년을 잠든 마녀처럼
칠팔월 모닥불 장렬한 하루살이처럼
슬픈 운명 속 내 詩作의 분노처럼 타오르고

시베리아 흑풍이여
이 설한이 너무나 야차 같다
내 찰토마토 심장이 진저리 치도록 할퀴어라

그리고 너의 얼음 빛 입술로
대지 위에 보석을 뿌리듯

내 시상 위에 그대여
정열의 키스 한번 해다오

점철

노을이 지면
어둠이 오듯
밤이 지나면
붉은 태양이 다시 떠오르듯

점철(點綴)의 윤회 속에
육신
생로병사가 계속되고
시인은
저가는 석양빛
대자연의 표찰이네

그림자

나 지금
내 모습
그대로가 참 좋습니다
먼발치 나의 임 들이
그 자리에
그냥
그대로 있어만 준다면
무작정 좋습니다
그게
오늘과
미래
내 존재의 행복일 것입니다

탕탕(蕩蕩)

그것은 졸부의 죄악이라기에
눈을 감았네
쓰디쓴 술 한 사발에 취하여
거대한 물건의 작동으로
갈포마저 털렸네
사탄들이 먹잇감 사냥 찾아 난투극을 벌리는
화류항(花柳巷) 수렁 뒷골목 女 설음이 찌든 골방에서
나의 육체를 방탕하게 불살라
내 청춘의 피날레 정액을 타임캡슐에 담으려는
뱀들의 미소에 눈을 돌렸네

내 탓이로소이다

오매 비가 오네
비가 그쳤다가

오매 비가 또 오네
비가 그쳤다가

징계도 심난허다

정읍 천변 벚꽃 길에
댕기머리 처녀들 배꼽에 장식품 달았다고
허연 무시에 쭉 빵이라고

내 이마에 내 川 꾹
배 데기는 임금 王 꾹

시방 통째로 걱정스럽다

나는 6호선 무임승차 중

상사화

사랑이라는 말 떠올려도 가슴 벅차올라요
한번 사로잡히면 석 달 열흘쯤 혼불이 나가요
그 증상 증폭되면 불면증에 식음마저 전폐
자살까지 보이는 무서운 합병증이 바로 사랑입니다
한강교 위에 딸랑 서 보지 않은 사람은 진실한
사랑을 함부로 입에 담지 마세요

나는 당신의 눈을 보면 알 수 있어요
우리 사이가 언제까지 지속될 것까지요
만약에 원하지 않는 사랑을 하고 있다거나
가슴을 울리는 사랑 외면해버린다면
당신은 죽음을 맞는 그 순간까지 후회하고
낮이고 밤이고
한 줌 심장
쇠망치로 학대하는 참 비극일 거예요

지난밤 당신이 사랑을 외면해버리자
화병의 꽃이 시들어 버렸습니다

표

60년도 초등학교 입학 당시 그해 여름 장맛비가 징허게도 쏟아졌다 초대형 태풍 낸시가 등교 길 발목을 모조리 붙잡았다 가난에 왕창 찌 들린 사람들에게 비옷과 우산은 꿈에 불과했다 농부들은 겨우 거적을 뒤집어쓰고 다니는 것이 전부였고 부잣집 우산은 비닐우산이었는데 바람 한번 불면 후루룩 옷을 벗고 하늘을 날아다니며 세상을 받쳐주는 따로가 되었다

비 오살 맞게 퍼붓는 날 아침 넷째 아들 학교길 울상이자 아부지가 비옷을 서둘러 제작하고 계셨다 비료 포대 위 머리가 들어갈 구멍 오려내고 그 한 뼘가량 밑 양 옆구리에 팔이 들어갈 구멍을 냈다 그리고 썸벅썸벅한 정지 칼로 가슴을 쫘악 절개했다 또 비료 포대 한 장을 절반으로 쏙 자르시더니 곳 갈 모자를 만드시는데 당신에게 대바늘과 실을 달라고 하시자 엄만 여러 번 시중을 드신 솜씨로 재빠르게 대바늘에 회포대에 실 꿰어맸다

아빤, 세심한 표정 속 명실 공 해부학의 결정체인 내 머리통을 몸 동아리에 꿰매기 시작했고 머리통 봉합 수술 시간은 불과 5분여 만에 깔끔하게 끝났다 그 누군들 아버지처럼 신속 정확 그리고 완벽 머리를 몸통에 감쪽같이 봉합 못할걸 아버지 위대한 흉부외과 의사 엄만 어여삐 한 명콤비간호사였다

그해 여름 나는 소낙비에 비를 맞지 않고 매끈하게 교실에 들어서자 빗 사이로 뛰어온 급우 생쥐들이 빈정대기 시작했다 쟤 꼴 좀 봐라 꼭 대항리 다리 밑 동냥아치 같다

그때 71명 중 부잣집 애는 5명에 불과했다 66명 책을 둘둘 마른 보자기 허리에 질끈 동여매고 빗 사이를 뚫고 학교에 왔다지만 여전히 생쥐 꼴 책과 공책이 맨살로 수영한 듯 갈피장 마다 소낙비를 줄줄이 달고 나왔다 마치 65마리 생쥐 합창단 이 물에 빠진 부자 생쥐야 우리 집 토방 위에는 7개의 명품이 순번으로 걸려 있었다

제5원소

클래식 음악이 찻잔에 찰랑거리며
옛 그리움들이 살포시 피어나는 노벰버의 밤
벽장 속에 은장 자명종이 따르릉
일천구백칠십 삼 년으로 갔다

40전 그해 겨울 눈보라 지독히 몰아치던 그날 밤
꿈꾸던 전화기에서 꽃망울 소리가 들려왔다
내 사랑 사이렌 소리가 발목을 붙잡아요
미영 새가 되어 훨훨 날아가고 싶어요

금장한 또 다른 자명종이
일천구백사십일 년으로 갔다
천지가 개벽하듯 오로라 빛이 밤하늘을 수 놓았다
벽장 쇼케이스 안 야마 또 군함에서
가미가제 죽음의 기수들 축배의 술잔을 들고 있다
화려한 은하수가 나팔 속에서 쏟아졌다
진주만 도라 도라라

벽장 안 측음기에서 아리랑이 살짝 빠져나오자
조국의 젊은이들이 헐렁한 모습으로
총알을 먹으려 제국의 남반구 전선으로 향했다
뭇 소녀들은 위안부로
그러나 아무도 말하는 사람이 없다

추태

내가 2m 높이에서 추락하자
신의 질투가 시작되었다
40년 전 죽은 목숨을 3번의 뇌수술로
달포 만에 숨통만 간당 붙여 놓고 오른쪽 청각손실과 맞바꿔
청각장애자 오명을 씌우고 뭐 대단하다고
그 뒤로 5번이나 더 죽음에 빠뜨렸다
그때마다 목숨줄 간당간당하게 붙여
심술로 나를 골탕 먹이는데 대단한 희열을 느끼는 모양이다

인간은 신의 장난감 노리개 불과하다
나는 한갓 미물이다
나는 일개미 싸움터에 나온 황소 개똥벌레 덜 떨어진 하루살이
일개 서생 초야에서 뛰어봐야 그의 손바닥 안인데
아직도 바벨탑의 분노에 격분하고
그래도 나에게 일말의 자비심은 베풀고 있다

나는 아직도 그에게 대적할 무기를 생산하지 못했다
나는 결국 승복해야만 한다
진짜 죽어 보고 싶다

저 깊고 깊은 함성은 도대체 뭐냐
광란의 질주
생명의 소리

이단자들의 반항에 신의 심술은 계속되고 있다

허수아비 · 1

호랑말코가 벙거지모자 삐끗 쓰고
참나무 숯덩이로 어른 아 좋아하는
하동 광대 얼굴을
함박 터지게 그릴래요

피얌서 온 풍각쟁이 몇몇
만물의 영장인
나를 시시껄렁하게 여기고
별별 날짐승들이 머리 꼭대기 앉아
상투 잡고 재롱을 피운다네요

박장대소로 호탕한 웃음 피우며
농부들에게 꿈과 행복 메시지 안겨 주고
희망의 노래 부르며
저 황금 들녘에서 여성 농자에게 사랑받는
암팡진 허수아비가 되고 싶네요

허수아비 · 4

죽어 천년 살아 천년
묵은 주목나무 숯댕이로
말라깽이 낮도깨비 화상이나
화성에서 온 E.T 얼굴에 덧칠하자

사통 팔방에서 날아온 구잡시런 망나니들
허구한 날 대롱대롱 매달려
나의 허상
요리 쪼아 대고 뺑글 쪼아 대도
언제나
푼수 웃음거리 낙락장송으로 피우며
쌀 뒤지 채워주는
알찬 허수아비가 될래요

학교

나는 오늘도 갈 수 없는 나라에 와 새벽이슬로 아침 열었다
나는 참이슬이 먹고 싶은데
카톡 카톡 카톡 소리가 숨넘어갔다

하얀 꽃을 피운 고추의 화경이 접시만 하다
화경이 크면 고추도 크다
그녀의 행복 주머니도 뽈록하다
고추 지주대 900개 개당 중 망치 7번 나는 인조인간이었다
지난밤 그녀가 악마의 발톱으로 어깨 마사지를 해줬다

한 옛날 아부지는 절구통에 종일 수수 방아 찧으셨다
엄만 우슬 뿌리 약술 담가놓고 일년내내 사랑 쏟았다

그 썩을 놈의 포도청 땜 시

카톡 詩 生들 메시지가 달항아리처럼 환하다
선생님이 詩文을 활짝 열어놓고 학생들을 기다리셨다
나를 기다리셨다 그러나
나는 오늘도 들판에 서서 날짐승과 이슬에 젖는다

틀

읍내에서 제일 용하다는 박수무당 불러와
수 백만원 들여 무궁생명 굿판을
입 암산 삿갓 바위 위에 정화수 올려놓고
사흘 밤낮으로 하늘에 제 올렸다

그런데 영혼은 장밋빛 슬픔을 타고
앳된 아내의 미소에 고즈넉이 묻혀
우주의 벌거숭이 되어 만산(萬山) 만야(萬野) 날아갔다

이 한 줌 흙은 너의 고향의 향기
이 한 줌의 흙은 번뇌와 욕심
이 한 줌의 흙은 사랑
그리고 털어야 할 시간의 틀

종태 너는 저 함성을 들을 수 있느냐
심장이 갈갈히 찢기 우는 17人의 비파소리
하늘 땅 갈라지도록 애조로운걸

이별을 나누는 그 시각 산천초목도 슬퍼했다
우리는 나누어져야 할 시간의 틀 앞에 섰다
아름다운 추억의 파노라마가
비룡산의 메아리를 잡아놓고 운다

학의 노래

오늘 나의 사랑하는 벗님들이 온다고 하네
고향 황금 들녘 논배미 유유자적하는 학 되어
고귀하게 살고 지자던 깨 북장구들이 코로나 이겨내자
높새바람 타고 팔랑팔랑 둥지로 날아온다고 하네

늘그막에
빛바랜 바지 떼 구정 저린 적삼을 걸치고
논배미 피사리하든 고추 따든 콩밭 고라니 쫓든
읍내 정거장으로 임 마중 달려가야지

우리 집은
선사(先師)들이 퍽 즐긴다는 도화주 댓 항아리가 있다 하네
묵고 묵어 10년 해 넘긴 향기가 언제부터
시도 때도 없이 천상에 닿자
피향정 신선들이 낮이고 밤이건 운석을 찔벅 거리네

우리 집은
여인들이 까무러치는 복 분자도 10년을 익어있다
나의 사랑하는 벗들이여
이따 이따 달항아리 차오르거든
신선을 데 불고 밤을 지펴가며 나의 꿈 저 푸른 광야
학과 봉황의 노래를 맘껏 부르자

종말론 중에 · 1

존엄성

드디어 깔리는구나
드디어 깔리었도다

우리의 소망과 염원의 38사선
공존과 평화가 갈아졌구나
또 깨어졌어라

아웅 산 테러 칼 폭파 판문점 도끼 만행
살인과 저주와 공포가
용트림하던 그날 부터
우리 민족은 악몽에 쫓끼어
천국의 문 두 둘 겨야 했다

드디어 깔리는구나
드디어 깔리었도다

환생

10월의 마지막 간지라운 태양이
비룡산 왕솔 나무에 걸려 헐떡거렸다

판타지 소설과 판타지 동화에 근년을 묻혔더니
어느 선배님 가라사대 시가 죽어
정말로
詩가 물안개처럼 산자락에 걸터앉았다

귀뚜리 가을비 타고 오던 밤 나는
하늘 가생이에 고독을 덜렁 매달아 놓고
소금쟁이처럼 참회의 눈물 뱅뱅거렸다

임이시여
마음의 창을 활짝 열어주오
시 쓰기는 나의 인생 나의 꿈

제4부

꿈의 미학

타락자

죽임의 철학자 운명적 논리처럼
억새 풀 속에 머리만 감춘 장쾌 한 마리
그것은 비현실성 이데올로기다

죽음의 철학자가 벌려놓은 삼심처럼
흔적조차 남기지 않는 취흥에 찌든
그것은 방울 나그네의 길이다

그 누가 이런 죽임을 슬퍼할꼬
그 누가 죽음을 숙명과 운명이라 하였는가
그 누가 인간의 죽음을 시나리오로 엮어낼까

쓸쓸하게 결국 허무로 끝을 장식하는 철학 그것은
망각인가
시공인가
다만 인간 최대의 타락일까

꿈 오라기

그대는 영영 가버렸구나
그대는 나의 희망 천사 어둠의 빛 상깃한 꿈이었다

그대 없이 텅 비어버린 삶
고통 슬픔 비애 절망 속 한 줌의 나신
천국을 방황했다

고통의 핏속에 뭉게뭉게 피어나고
한 조각 엷은 구름이 나의 영혼을
감싸 안아 슬픔을 마냥 슬어 갔다

그대는 꿈 오라기를 먹고 있었다
해멀건 미소는 무엇을 보였을까
행복 부귀 사랑과 번뇌 또 다른
사랑과 추상일까

불씨

하늘과 땅이 얽키고설키고
천국과 연옥(煉獄)이 얽키고 설키고
불은 문명의 화신(化身)이 되어 말하노라

농부네 논두렁 밭두렁 태워 풍년을 주고팠노라
청춘 남녀에게 뜨거운 사랑도 주고팠노라

동지섣달 갈퀴나무로 저녁밥을 짓고 금 불씨에
넣어둔 달달 한 고구마 대여섯 개
긴긴밤
잠 뒤척이던 새끼들 허기진 배를 달래주던
엄마 불

빈 깡통

여의도 하얀 모래 한 줌 움켜쥐니
이것도 금 알이요
저것도 금 알일세라
풍진 세상
무엇을 받쳐야
알짜배기 사랑 얻어낼까

그대 있는 곳 아는 이 없고
그대 모습 대한이 없는 저
수천의 양 속에 뉘 인가

오호라
그 모두가 허세뿐이로다
그들
내 마음의 태양뿐 인가
나는 오늘도 피안(彼岸)의 길을 가네

그날의 함성

오천 년 얼이 깃든 홍익인간(弘益人間)의 자화상이
정읍 두루두루에서 피어나고 있었다

천신(天神)의 기운이 흐르는 영산(靈山) 내장산 서래봉을 기
수로 두 승산 자락 고부에서 동학혁명 민주주의가 꽃을 피
우기 시작했다

입 암산 삿갓 바위 자락에서는 전국 방방곡곡에서 모여든
뭇 사람들 대흥리에 둥지 틀고 보천교 연진 원(研眞 院)에서
우국충정(憂國衷情)과 인의(仁義)를 배워 내 나라 지킴이 순
국 선혈에 불타 민족항쟁 구국(救國)의길 가다

한때는 왜 놈들에게 모진박해를 당해 근초목피(根草木被)로
허기진 배 채우다 죽기도 허다했다

대륙을 휘몰아치는 독립군 김 장군 지축을 뒤흔드는 말발굽
소리에 왜놈들 밤잠을 설쳐가며 간담이 서늘하게 치를 떨었다
하얼빈 암살사건 보천교가 독립군자금 실체다
일제 고등검사국 살생부에 올라 옥사(獄死)도 수없이 당하
였다

태산 선비의 고장 정읍입니다
등재는 만고(萬古)의 뜻이려니
수많은 문인(文人)들의 풍류(風流)가 살아 숨 쉬는
태고(太古)의 정읍사 망 부상 여인이여
천천 만만세 꽃을 활짝 피워라

꿈의 미학
-엄마의 소원

깊은 산 만장 협곡에 꿈 게이트가 열려있다. 10 수년 전 천국으로 떠난 엄마가 계곡 건너편 영혼의 동굴에 홀로 계셨다. 나는 계곡을 이을 다리를 놓기 위해 정신없이 나무를 베기 시작했다. 거리는 대략 10m쯤 하늘도 벼랑 깊이도 구름에 묻혀있다. 아름드리 왕솔나무를 12m로 잘라 뿔 껑 뿔 껑 메다 협곡을 이을 다리를 놓기 시작했다. 한 개의 무게가 대략 500k 별로 무거움을 느끼지 못했다. 큰 나무가 지천에 있어 차가 지나가도 통나무가 굴러가지 않게 칡넝쿨로 칭칭 엮어야 한다고 생각했다. 순전히 혼자만의 생각으로 설계를 그려 공사를 해야만 했다. 차는 어쩌다 집에 있었다.

공포나 고독도 느낄 수 없는 무의식 세계다
땀이 칠팔월 소낙비 퍼붓듯
바위에 떨어져 석공의 혼을 태웠다
하늘은 아예 꽁꽁 묻혀 버렸다
땀을 식혀줄 하늬바람도
산등성이에 걸려 있었고
적막함을 위로해줄 산 까치와 청설모 토끼도 없다

살아생전 따스하고 인자한 엄마의 미소
그대로다
지금쯤 천국에서
고생보따리 내려놓고 편히 사실 줄 알았다
내가 문호를 얻지 못하자
엄만 요단강을 건너 행복의 땅으로 가지 못하고
그 가까이서 여태껏 맴돌고

야망의 전설

킬리만자로의 표범은 3개의 눈을 지녔다 두 개는 생존을 위한 것이고 다른 하나는 전설의 눈이었다 루브르박물관에서 잠을 자던 나폴레옹의 금장 자명종이 게이트에 오르자 과거와 미래를 탔다 레옹의 으슥한 뒷골목 100년의 카페에서 나폴레옹의 진격 나팔 소리가 하늘을 때리는데 내 사전에 불가능이란 없다 어느 날 전화기 벨 소리가 벨의 귀청 때려왔다 1860년 파우치가 흥분에 떨며 벨에게 누른 벨 소리였다

나는 벨이다
갈 까마귀 그가 오고 있다
카메라가 야누스 얼굴에 초점을 맞추자
야망의 발길 아래 꽃나비가 애처롭게 파닥거렸다

나폴레옹 혁명이 알프스 뽕닥지에 걸려 헐떡일 무렵
혹한이 숨통을 죄어왔다
병사들의 죽음이 속살 깊숙이 파고들 때

바빌론 공중정원에서 갈 까마귀가 전설을 노래했다
세 개의 눈

아름다운 흔적
- 죽음 그리고 보고서

너의 죽음은 운명적인 수레바퀴에 불과했다
너는 싱겁게 죽기로 작정을 나선 쨔샤다
너는 번득거리는 포텐샤도 강물에 던져버린 쨔샤다
너는 고속도로 밑 노랑고구마 밭도 멧돼지에 처맡긴 쨔샤다
너는 함옥과 깨 떠는 일도 시드렁 한 쨔샤다
너는 목숨 꽃 받아놓고도 부쳐 마냥 키득거린 싱거운 쨔샤
너는 옆집에 사는 시인의 가슴팍에 못 질을 해대고
바다 눈물을 사흘씩이나 퍼내게 한 쨔샤다

그러는 넌 입암산 삿갓 바위 자락 보천교 木邦의 맥이다

아름다운 흔적 · 2
- 죽음 그리고 보고서

신작로에 17人의 눈물이 물결친다

이 한잔의 술잔은 우리들의 우정과 추억을 위하여
이 한잔의 술잔은 사랑하는 너와 화목을 위하여
이 한잔의 술잔은 천국에서 맞아줄 이방인을 위하여
이 한잔의 술잔은 먼 훗날 시인 雲風을 위하여 들자

17人이여 술잔 위에 이별일랑 따르지 말자
술잔 앞에 놓고 목숨 꽃 연줄 피우지 말자
술잔을 들고 40줄 인생 실패 허무를 마시지 말자

너 또한 신이 만들어준 그 길을 갈 뿐이고
17人 또한 신이 만들어준 그 길을 갈 뿐이다

우리는 아직도 못다 나눈 우정 남았지
요단강 건널 때 오리걸음으로 건너가겠지

이 한잔의 술잔은 네 영혼의 동굴 안에
우정 가득 채워놓고 갈게

아름다운 흔적 · 19
- 김종태의 죽음에 붙여

너는
다시 영영 돌아올 수 없는
망각의 길
저 편으로 떠나고 말았구나

네가 없는 단 하루가
모두 허무하게 타 버렸다

또 다른 윤회라는 운명의 수레바퀴
그것은 영혼의 인수분해였다

40년 전 추억의 동냥 깡통*
30년 전 사-디의 제다 항구

탈출
어둠의 25시
너는 기어이 오늘 가야 할 길을
말없이 떠나고 말았구나

시작노트 - 김종태는 우리의 곁을 너무 허무하게 떠나버렸다. 고즈넉한 밤이면 불현듯 생각이 난다.
동냥 깡통 : 1976년 친구들 5~6명이 모여 장난삼아 동냥아치 구걸을 한번 나간 적이 추억에 남았다.

종말론 · 2

땅굴 속으로 손길이 뻗던
그날부터
우리네 정맥의 피는 실험실에서 타들어 갔다
혈연지연도 무참하게 학살시키는
비인륜적이고 부르주아적 사이코패스

사랑마저 메말라버린
저 궁핍으로 피폐한 대륙
생명의 척도는 무너져 버렸다
온 인류의 생명과 우리 조국의 생명
나의 생명까지도 함몰해갔다

시간여행

그 여인의 달콤한 유혹의 향기는
달나라 수정궁 항아처럼 환한 얼굴과
은쟁반의 옥구슬 닮았다
다정다감한 손길은 울 엄마의 생전 손길

그녀는 사려 깊은 문향의 벗이고
내 친구여라
나는 방과 후 손을 흔들어 답례해야지
잃어버린 아틀란티스 시간을 찾아 날아가야지

시나리오

새로 산 농기계 오작동으로 내 농부가 사고를 당했다
요추 1번과 12번 크랙
경제학상 과다노출인가
신체리듬 학상으로 무방비 상태였을까

농기계 오작동에 대한 검증이 필요했다
우연도 필연도 아닌 절대적이었나
농자지 천하지대본이라 했거늘
오래전 풀잎이 되어버린 그녀 그것은 예견된 사고인가

사고는 항상 오고 떠나갔다
여성 농민들의 반응은 어떠하랴
정부는 여성 농자들에게 어떤 답변을 내놓을 것인가
설거지와 빨래나 하고, 설마 화장대 앞에

알고리즘

21세기 환경오염으로 일그러져가는 지구 행성
지구촌 곳곳에서 고통에 서린 신음이 시시각각
파멸의 메시지로 날아든다

우주 어느 행성 조각이 수없이 지구로 날아든다
한 행성의 육신 아픔의 덩어리다
부황 든 자 날아든 파편을 주워들고 행운의
돈방석 雲石이라 탄성을 자아냈다

어느 은하계에서는 지구에서 날아든 운석
파편을 주워 들고
제2 노아의 방주라고 허탈감을 토해냈다

어느 시인은 푸른 별 껴안고 나가 雲石이오
21세기

꽃뱀

눈부신 4월
따사로운 햇살 아래

나는 사랑에 들떠
당신을 유혹하는

한 마리 예쁜
꽃뱀이 될래요

제발 내 사랑
뿌리치지 말아줘요

알고리즘 포

좁은 문 너머에는
달콤한 사랑과 행복 있고

구름을 타고 나르는
무릉도원이 있다

5차원

거울아
거울아
온갖 세파에 찌든 너를 깨끗하게 닦아주면
너는 나를 어찌하랴

거울아
거울아
내가 너를 사랑으로 감싸준다면
너는 나를 어찌하랴

거울아
거울아
나에게 세상의 마음을 통으로 보여다오
이것도 금 알이고 저것도 금일 쌔라

거울아
거울아
세상의 마음을 송두리째 끄집어내 시청광장에 널어놓는다면
뭇 사람들은 나를 어찌할까

비의 꽃

나는 사월 보슬비에 젖은 꽃을 좋아한다
나는 정읍 천변 꽃비 내리는 날 애인과 걷기를 좋아한다
나는 샛노란 우산 속 연인들의 속삭임 엿듣기를 좋아한다

서래봉 붉은 비 추적추적 내리는 날도 좋더라
고즈넉한 밤 내리면 더욱 좋다더라
꺼져가는 가로등 불빛 비의 속삭임 무작정 좋더라

깊어 가는 겨울밤
나는 창밖으로 시선을 묻는데 비의 속삭임
詩想이 뜨겁게 달구어져 밤샘함이 좋더라

비망록 연가 · 2

엄동설한 어떤 인간이 악령의 굴레를 뒤집어쓰자
어느 묘비명 앞에서 오열을 하고 있다
달도 별도 떠나버린 앙상한 갈대 부대끼는 칠흑 속
머리 풀고 우뚝 선 인간 그는 귀곡자(鬼谷子)인가

바로 그때 아주 비련 한 음률이 하늘에서 내려왔다
숨통을 갈기갈기 끊어 내려는 선율
그는 운명을 배달 나온 염라청전령사의 휘파람 소리
전령사는 네 마리의 백 사자 호위를 받으며
황금 수레에 앉아 손에는 천근의 철퇴를 지녔다
가히 천하무적이다
너의 눈에 내가 보이느냐
너의 그 목숨 네 것이 아니로다

천년속죄 다음 생에 사랑하는 상사화로 피어나라

뻥

두 남자가 굴비를 놓고 실갱이를 한다
얼핏 보아도 굴비가 기백만 원 정도
굴비를 사겠다는 사람은 알아주는 백수건달
알고 보니 굴비 장수도 건달 출신이다

나는 묘한 승합차에 앉아 있었다

백수건달이 굴비를 봇짐에 꽁꽁 싸서 승합차에 싣고
음흉한 미소를 짓는다
굴비값 주어야 가지 500만
백수 왈 헛기침하며 나 돈 읎다
뭐라고 서울 가서 굴비 되팔아 통장에 넣어줌세
뭘 믿고
굴비 건달 기막혀 빈 웃음을 짓는다

꿈

어느 두메산골 열아홉 진달래 꽃술을 따던 노랑나비
한 마리 샛바람 타고 연두빛 초마폭 나폴거리며
콘크리트 우거진 망각의 숲으로 날아갔다

날이면 날마다 밤이면 밤마다
어둠을 불사르며 강산이 뒤바뀌도록 아마도
검은 머리칼 별 뿌리듯 휘날리더니 파뿌리가 되고
꽃잎도 마구 뿌리고 다녔다
벌거숭이 나신이 허물어져 내렸다

쓸쓸한 도시 한 모퉁이 찌그러져 가는 초승달 빛
붉은 은행나무 숲속에서
고향을 망각해버린 샛노란 노랑나비 한 마리가
이슬에 젖어 까만 밤이 피도록 비파를 타고 있다
하얀 눈물이 도시를 얼룩지우네

김기성 시집

나를 갖고 싶으면 가지세요

초판1쇄발행 2022년 8월 30일

지 은 이 김기성
펴 낸 이 양상구
웹디자인 김초롱
펴 낸 곳 도서출판 채운재
주   소 우) 01314 서울시 도봉구 시루봉로 15라길 38-39 301호
전   화 02-704-3301
팩   스 02-2268-3910
H . P   010-5466-3911
E.m a il ysg8527@naver.com

작가와의 협의하에 인지는 생략합니다.
파손 및 잘못된 책은 교환해 드립니다.